AF280635

Waldemar Gangkover

So kriegst du jede(n) rum

EINE PRAKTISCHE ANLEITUNG ZUR MANIPULATION

Herstellung: Books on Demand GmbH

ISBN 3-8311-1908-2

6

Inhalt

Worum es in dieser Information geht

Diese Infoschrift ist kurz und bündig; aber sie behandelt alle Punkte, die wichtig sind, wenn es darum geht jemanden zu manipulieren. Lies sie sorgfältig Wort für Wort. Du lernst hier, wie du jeden beliebigen Menschen manipulieren kannst. Man wird äußerst bestrebt sein, alles zu tun, was du willst, wenn du die Manipulation genau so ausführst, wie sie hier beschrieben ist.

Es spielt dabei keine Rolle, ob du willst, dass jemand Sex mit dir macht oder ob es dein Ziel ist, dass jemand dir etwas abkauft. Es liegt ganz bei dir, wofür du dieses Wissen verwendest. Doch solltest du allein wegen deines persönlichen Glücks folgende Punkte unbedingt einhalten:

1.)   Benutze das Geheimnis der Entfachung ausschließlich dazu, um Sex mit jemandem zu haben.

2.)   Entfache niemals den natürlichen Trieb zu hassen oder zu töten.

3.)   Manipuliere niemals einen Menschen, damit er auf Dauer dein Sklave wird.

4.)   Manipuliere niemals Kinder oder Minderjährige.

5.)   Habe immer safer Sex.

6.)   Verrate diese Geheimnis niemandem!

7.)   Wende dieses Wissen jeden Tag an.

Du brauchst nicht reich zu sein
- du musst nicht schön sein

Die Technik der Manipulation funktioniert unabhängig von deinem Alter und deinem Kontostand. Verabschiede dich von dem Gedanken, dass jeder Mensch eine vollständige Einheit bildet. Das ist nun wirklich nicht wahr! Der Beweis dafür liegt im Phänomen des Zweifels. In jeder Sekunde unseres Lebens müssen wir Entscheidungen treffen. Es gibt drei Instanzen in einer Person, die in den Entscheidungsprozess eingreifen: Verstand, Gefühl und das Unterbewusste.

Möglicherweise gibt es noch mehr Beteiligte, die mitbestimmen wollen. Aber wenn es dir gelingt, diese drei auf deine Seite zu bringen, dann überstimmen sie alle weiteren.

Wenn jemand zweifelt, dann kämpfen Verstand, Gefühl und das Unbewusste gegeneinander. Gelegentlich sind zwei von diesen dreien gleich stark, und die Person ist außerstande, eine Entscheidung zu treffen. Selbst wenn die Entscheidung bereits gefallen ist, stehen manchmal ein oder zwei der unterlegenen Instanzen wieder auf und versuchen die Entscheidung rückgängig zu machen.

Alles, was du tun musst, ist Verstand, Gefühl und das Unbewusste der zu manipulierenden Person auf eine Linie zu bringen. Das ist die eine Methode. Die zweite ist die, alle drei abzuschalten.

Du wirst verstehen, wovon ich rede, wenn du dir ein Schiff vorstellst. Es gibt einen Kapitän, der der Boss sein soll. Es gibt einen Ersten Offizier, dessen Aufgabe es ist, den Kapitän zu unterstützen, ihm zu helfen und ihn zu beraten. Und schließlich gibt es noch die Mannschaft, die die ganze Arbeit machen soll und die die Befehle des Kapitäns ausführen soll. Wenn alles seinen normalen Gang nimmt, klappt das auch prima. Aber beobachte, was in extremen oder unbekannten Situationen geschieht.

Wenn der Kapitän schwach oder unerfahren ist, wird er dem Ersten Offizier dankbar sein Ohr schenken. Wenn die Situation so gefährlich erscheint, dass die Mannschaft meint, der Kapitän und sein Offizier wären nicht mehr in der Lage, ihre Aufgabe ordentlich zu erfüllen, dann übernimmt die Mannschaft das Kommando.

In diesem Beispiel repräsentiert der Kapitän den Verstand. Der Erste Offizier ist das Gefühl, die Emotion. Und die Mannschaft steht für das Unterbewusste.

Wenn du willst, dass das Schiff dahin fährt, wohin DU es haben willst, kannst du versuchen, den Kapitän zu beeinflussen. Manchmal klappt das ganz gut. Doch gelegentlich flüstert der Erste Offizier dem Kapitän etwas ins Ohr. Du kannst nicht hören, was er sagt, und schon bist du aus dem Entscheidungsprozess raus.

Versuchst du den Ersten Offizier auf deine Seite zu bringen, dann wird ein starker Kapitän nicht auf ihn hören.

Das Verhalten der Mannschaft vorherzusagen ist sehr schwierig. Sie ist absolut irrational.

Wenn du sicher gehen willst, das Kommando über das Schiff zu erlangen, musst du den Kapitän, den Ersten Offizier und die Mannschaft auf deiner Seite haben. Das kann eine äußerst schwierige Aufgabe werden, weil der Kapitän und der Erste Offizier sich manchmal nicht vertragen wollen. Der Kapitän sagt ja und der Offizier sagt nein. Oder umgekehrt. Denk daran, dass Emotionen nicht rational sind!

Gleichschaltung ist ein guter Weg, aber auch nicht narrensicher, wenn du mit allen drei Teilen umgehen musst. Es ist viel leichter, mit dem Offizier und der Mannschaft zu reden. Lass sie den Kapitän fesseln, in seine Kabine sperren, und lass sich den Ersten Offizier großartig fühlen, wenn er glaubt, er wäre der Boss, der perfekt mit der Mannschaft übereinstimmt, die auch gelegentlich den Kapitän hasst.

Genau das wirst du tun, wenn du jemanden manipulierst. Du schaltest den Verstand aus und lässt die Emotionen und das Unterbewusste für dich arbeiten.

Pass aber auf! Sobald der Kapitän erkennt, was vor sich geht, wirft er dich über Bord. Und, lieber Manipulator, sei dir dessen sicher: Der Kapitän bleibt nicht lange in seiner Kabine. Irgendein Mitglied der Mannschaft holt ihn raus. Bevor das passiert, sollte das Schiff aber schon da sein, wo du es hin haben wolltest.

Das bedeutet, dass eine Manipulation dieser Art extrem gut und schnell funktioniert. Doch ist der

Effekt nicht von langer Dauer. Wenn du ein Mädchen manipulierst, dass es Sex mit dir hat, schaltest du zuerst ihren Verstand aus. Wenn du aussiehst wie Robert Redford in seinen besten Jahren, fünf Millionen auf dem Konto hast und noch Junggeselle bist, wird es nicht notwendig sein derartig zu manipulieren. Aber glaub mir, für die meisten von uns ist es angebracht, erstmal ihr Rationales auszuschalten. Ich erkläre später, wie das geht.

Im zweiten Schritt schmeichelst du dem Ersten Offizier. Lass ihn fühlen, dass er großartig ist und dass er das Schiff mit Leichtigkeit kommandieren kann. Der emotionale Teil der meisten Menschen hat einen negativen Charakter. Das bedeutet, dass Emotionen lieber vermeiden als erreichen wollen. Der rationale Teil ist aktiv und positiv. Er kalkuliert: "Wenn ich das und das tu, werde ich das und das erreichen." Der emotionale Teil fühlt: "Wenn ich das und das nicht tu, dann wird mir das und das nicht geschehen." Diese Haltung ist der Grund dafür, dass der Erste Offizier eben nicht Kapitän ist. Die Emotionen strengen sich für ein Ziel nicht an. Sie sind reaktiv. Sie sind unkontrolliert, wenn der Kapitän ausfällt. Nachdem der Kapitän eingesperrt ist, musst du die Emotionen kontrollieren und dirigieren. Ich sage dir später, wie du das tun kannst.

Der dritte Schritt besteht darin, die Mannschaft zum Arbeiten zu bringen. Wenn sich die Mannschaft gegen dich wendet, bist du verloren! Mach dir klar, dass die Mannschaft nicht aus Intellektuellen besteht. Das sind Arbeiter. Jedes Mitglied der Mannschaft kann nur bestimmte Dinge tun, sonst nichts. Sie sind sehr einfache Gemüter. Wenn sie glauben, dass es jemand gut mit ihnen meint, dann tun sie alles für ihn. Jedoch sind sie ziemlich misstrauisch. Neues und unbekannte Situationen machen ihnen Angst. Sie sind hilflos in unüberschaubaren Situationen. Sie sind daran gewöhnt, sich Führern anzuschließen und ihnen zu gehorchen. Sie brauchen Führung. Sie sind gute Arbeiter, aber schlechte Chefs.

Wenn du das weißt, verstehst du, warum es unerläßlich ist, das Unterbewußte nicht merken zu lassen, dass eine neue Situation eingetreten ist. Lass es glauben, dass alles so ist wie immer. Gib einfach einen neuen, weiteren Befehl aus. Gib deine Befehle aber nicht mit deiner Stimme. Lass den Ersten Offizier zu ihnen sprechen!

Starker Tobak? Nicht wirklich. Versuch dir ein Schiff vorzustellen. Aber denke nicht an James T. Kirk und Mr. Spock. Weil nämlich Kirk den emotionalen Teil und Spock den rationalen Charakter darstellen, ist das genau die umgekehrte Situation. Das ist mit ein Grund, warum die Geschichte der Enterprise so unterhaltsam ist - sie ist genau das Gegenteil des normalen Lebens.

Bevor du erfährst, wie man den Kapitän fesselt, den Ersten Offizier auf seine Seite bringt und die Mannschaft für sich arbeiten lässt, musst du noch einige grundlegende Dinge wissen.

Was du tun musst

Du kannst nicht den Kapitän fesseln, wenn sich das Schiff gerade in einem schweren Sturm oder in einer Schlacht befindet. Du schaffst es auch nicht, wenn die See still ist und die Mannschaft beim Essen sitzt. Zwing den Kapitän ein paar unangenehme Befehle zu geben. Es ist ganz einfach jemanden zu zwingen, der vollkommen rational ist.

Auf gar keinen Fall darfst du dem Ersten Offizier gefährlich erscheinen. Versuch nicht gegen den Kapitän zu kämpfen. Lass nicht den Ersten Offizier gegen den Kapitän kämpfen. Warte entweder bis der Kapitän schlafen geht oder gib ihm einen Schlaftrunk.

Du musst vermeiden, dass der Kapitän dich und deinen Plan bemerkt. Sorge dafür, dass der Kapitän weiß, dass du gutmütig bist und dass du niemals gegen ihn (die Ratio) sein wirst. Dann wende dich an den Ersten Offizier.

Schmeichel dem Ersten Offizier! Sieh gut aus. Du musst wissen, was dem emotionalen Teil eines Menschen wichtig ist. Er ist vertrauensvoll, möchte Gefühle haben, glaubt, dass alles gut ist.

Aber sobald irgendetwas auftaucht, dass sich nicht gut anfühlt, sucht er Hilfe beim rationalen Teil.

Es ist wichtig für dich, nichts zu tun, was irgendwie den emotionalen Teil stören könnte. Du musst jedes nur erdenkliche Signal geben, dass du völlig harmlos bist. Das Emotionale muss fühlen, dass du das Beste bist, was dieser Person überhaupt begegnen konnte. Sei also nett und freundlich. Sei sauber und gesund. Deine ganze Erscheinung muss Freude, Spaß, Verzückung, Gesundheit, Kraft und Schutz ausstrahlen. Sieh sehr gepflegt aus. Sieh nicht aus, wie ein Gammler oder Hippie und auch nicht wie ein verstaubter Bürokrat (selbst wenn du einer bist - du weißt, was ich meine). Das Emotionale ist wie ein Kind. Gib ihm, was ein Kind will.

Was du vermeiden musst

Vermeide alles, was den emotionalen Teil sich schlecht fühlen lässt. Schlechte Zähne, schlechter Atem, Körpergeruch, schmutzige Fingernägel, billige Kleidung, geschmacklos übertriebenes Outfit, aufgesetztes Verhalten, strenger Blick, zu lautes Sprechen usw.

Sei so natürlich, wie du bist. Entspanne dich einfach und sei du selbst. Versuche nicht zu beeindrucken, indem du so tust als seist du jemand, der du eigentlich gar nicht bist. Du wirst wissen, warum, wenn du über das Rationale liest. Jeder Schritt beim Vorgang der Manipulation muss so natürlich wie möglich sein. Beunruhige nicht den Kapitän!!! Sei spielerisch. Das ist es, was das Emotionale mag.

Was du über Sex wissen musst,
bevor du anfängst

In jedem Menschen steckt der Trieb, Sex zu haben. Das bedeutet - bitte lies es sorgsam: Jeder Mann und jede Frau sind bereit, mit einer anderen Person Sex zu haben - unabhängig von Alter und Geschlecht!

In anderen Worten: Du kannst Sex mit jedem beliebigen Menschen haben. Egal ob homo oder hetero. Es spielt keine Rolle, ob sie verheiratet sind oder nicht. Drück auf die richtigen Knöpfe in der richtigen Reihenfolge, und sie werden so Sex mit dir haben, wie du es willst!

Wie du dich richtig vorbereitest

Lies diese Anleitung immer wieder. Du solltest sie auswendig können. Verstehe die Bedeutung. Du musst wirklich verstehen, wie der Prozess der Manipulation funktioniert. Bevor du dich einer Person näherst, um sie zu manipulieren, musst du genauestens wissen, was du tun wirst. Bleib während der gesamten Prozedur entspannt, auch wenn ihr dann Sex miteinander habt.

Es ist übrigens ganz normal, wenn du dein Ziel bei den ersten zehn oder zwanzig Anläufen nicht ganz erreichst. Du musst erst üben. Du musst lernen zu beobachten, was in einem Menschen vorgeht, wenn du ihn manipulierst. Du musst in der Lage sein, zu wissen, was der Kapitän, der Erste Offizier und die Mannschaft gerade tun. Das musst du in jeder Phase der Manipulation genau wissen.

Es mag dir seltsam erscheinen, doch es ist unerlässlich. Sofort nach einer Annäherung musst du aufschreiben, was geschehen ist. Sei so ausführlich und präzise, wie du nur irgendwie sein kannst. Schreibe das Datum und die Uhrzeit auf. Notiere, wo du die Annäherung unternommen hast. Beschreibe die Umgebung. Schreibe nieder, was du getan und gesagt hast. Schreibe nieder, wie dein "Opfer" reagiert hat. Notiere jeden Gesichtsausdruck und die Körpersprache. Konntest du erkennen, was und wie es sich gefühlt hat. Sei präzise und ausführlich.

Warum ist das wichtig? Wenn du deine Technik verbessern willst, musst du Informationen sammeln über die Interaktion zwischen dir und anderen Leuten. Du bist ein absolut einmaliges Einzelwesen. Daher ist es nicht möglich, auf den Vorgang des Irrens und Lernens zu verzichten, wenn du zu manipulieren lernen willst. Aber du kannst ziemlich sicher sein, dass du nach zwanzig Anläufen wenigstens einen Erfolg gehabt hast. Manchmal klappt es schon beim ersten Versuch, manchmal braucht es zehn oder sogar zwanzig Anläufe, um das richtige Gefühl und die Erfahrung zu bekommen, wie man die Herrschaft über einen anderen Menschen erlangt. Übrigens solltest du nie den selben Menschen zweimal mit dieser Methode angehen.

Arbeite mit deinen Aufzeichnungen. Lies sie. Versuche zu analysieren, was geschehen ist. Versuche ganz genau herauszufinden, in welchem Moment der Kapitän dich über Bord geworfen hat. Oder ist es dir nicht gelungen, dem Ersten Offizier zu gefallen? War es die Mannschaft, die ihren Käptn vermisst hat?

Finde es heraus und vermeide es, den gleichen Fehler ein zweites Mal zu begehen. Wenn du Erfolg hattest, versuche herauszufinden, was es war, das den Erfolg herbeigeführt hat. Analysiere alle Annäherungen. Und schließlich: Mach so viele Annäherungen, wie du kannst. Mach es regelmäßig. Ansonsten ist es schwer, die Routine zu haben, die du brauchst, um entspannt und selbstbewußt zu sein. Drei sehr gut vorbereitete Anläufe jeden Tag sind das absolute Minimum!!!

Wie du den Kontakt herstellst

Entspanne dich, lächle und fühle dich wohl. Du veranstaltest ein sehr interessantes Experiment. Du kannst nichts verlieren, aber alles gewinnen. Beobachte einfach, wie dein "Opfer" auf die Dinge reagiert, die du tust. Du kannst so weit gehen, wie du willst. Aber wenn deine Zielperson bereit ist, alles zu tun, was du willst, dann <u>musst</u> du die Situation ausnutzen, die du herbeigeführt hast. Wenn du sie verführen willst, dann solltest vorher wissen, wo und wie du es tun willst. Sei vorbereitet, damit kein Nachdenken über die Umstände den Vorgang der Manipulation behindert. Unnötig zu erklären, warum das wichtig ist. Denk immer daran, dass du nicht viel Zeit hast. Der Kapitän wird aufwachen und sein Schiff zurückhaben wollen.

Der beste Weg, um eine Annäherung zu starten, ist einen "Zufall" herbeizuführen. Das ist manchmal nicht ganz so einfach, wie es sich anhört. Der Kapitän hat einige Erfahrung und kann zwischen normalen Situationen und erzwungenen unterscheiden. Ein Zufall sollte nicht erstaunlich sein. Produziere keine Wunder. Warte einfach in der Schlange im Supermarkt hinter ihr, begegne ihr im

Kaffeehaus, auf einer Feier, an eurem gemeinsamen Arbeitsplatz...

Sei dir dessen bewusst, dass es nahezu unmöglich ist, das Kommando im Sturm oder während eines Angriffs zu übernehmen. Wenn die Frau auf dem Weg ist, ihre Kinder aus dem Kindergarten abzuholen oder wenn sie in Eile ist, vergiss es. Such dir ein anderes Opfer.

Der einfachste Weg, um in Kontakt zu kommen, ist mit ihr zu sprechen. Sag einfach etwas ganz normales. Sei einfach nett und freundlich. Alarmiere nicht den Kapitän. Sei höflich. Sprich mit ihr und lächle. Lächle natürlich, grinse nicht. Schau ihr nicht zu tief in die Augen. Gib ihr nicht die geringste Vorwarnung, was du vorhast. Sei so normal, wie du kannst. Tu nichts, was sie ängstigen könnte.

Das Geheimnis der Entfachung

Du hast gewonnen, wenn die Mannschaft deine Befehle ausführt. Das Unterbewusste ist darauf programmiert, all die Dinge zu tun, die notwendig erscheinen, um das Überleben des Einzelnen und der menschlichen Art zu sichern. Sex spielt dabei eine besonders wichtige Rolle. Wenn du den Knopf "Sex haben" drückst, wird die Mannschaft tun, was du verlangt hast. Vorausgesetzt, die Mannschaft wird dabei nicht vom Kapitän oder dem Ersten Offizier gestört. Solange der Kapitän schläft oder anderweitig beschäftigt ist und der Erste Offizier auf deiner Seite ist, wird die Mannschaft ihre Arbeit tun: Die Person wird Sex mit dir machen.

Das Programm abzuspulen ist ein anderer Ausdruck für Entfachung. Das wissenschaftliche griechische Wort ist "Ekphoration". Wenn du dich mit Hypnose auskennst, weißt du, was ich meine. Das Sex-Programm liegt im Wurzelverzeichnis jedes Menschen. Es ist deine Aufgabe an das Schaltpult heranzukommen und den richtigen Knopf zu drücken. Sie wird im selben Moment entfacht sein und Sex mit dir haben oder mit irgendjemand

anderem, der gerade in der Nähe ist - solange, bis
der Kapitän zurück ist.

Wie man den Kapitän loswird

Du weißt, dass der emotionale Teil einer Person vertrauensvoll und naiv ist. Das Unterbewusste ist dumm und misstrauisch. Der Kapitän ist weder vertrauensvoll noch misstrauisch. Er ist überhaupt nicht verspielt oder spielerisch. Er ist nicht kreativ. Was er tut, ist ganz einfach Informationen sammeln, sie abspeichern und die gegenwärtige Wahrnehmung mit den Erinnerungen zu vergleichen. Er ist sehr logisch, berechnend und - vorhersehbar!

Das Rationale ist lernend. Sobald das Rationale eine Widersprüchlichkeit entdeckt, zieht es die Bremse. Wenn du es also vermeidest, widersprüchlich zu sein, sondern ihm zeigst, dass alles was du sagst wahr ist, dann lernt das Rationale, dass du eine Verkörperung von Tatsachen und Wahrheit bist. Damit hat es keinen Grund, dein Opfer daran zu hindern, dir zu folgen.

Nachdem du das Schiff betreten hast, d.h. nachdem du den Kontakt arrangiert hast, fängst du unmittelbar sofort damit an, dem Kapitän zu zeigen, dass alles, was du sagst und tust richtig, korrekt und wahr ist.

Lass mich ein Beispiel geben. Wenn die Sonne scheint, sage: "Die Sonne scheint." Hältst du das für einfältig? Mag sein, aber es funktioniert. Denk daran, dass du die Person nicht zu beeindrucken brauchst, wenn du sie manipulieren willst. Du willst schließlich nur Sex haben (kann jeder Schimpanse). Selbstverständlich liegt es bei dir, beredsam und unterhaltend zu sein. Doch rufe nicht den Kapitän auf den Plan, indem du zu außergewöhnlich bist. Halte die Situation so normal wie nur möglich.

Nachdem du gesagt hast: "Die Sonne scheint." könntest du sagen: "Du siehst, dass ich lächle." Lächle, wenn du das sagst. Sage es aber nicht, wenn die Person, mit der du sprichst, gerade woanders hinschaut und dich NICHT lächeln sieht. Sage einfach nur das, was stimmt. Halte dich fern von Meinungen. Bleibe so nah bei den Tatsachen, wie es geht. Sprich nicht über deine Gefühle.

Wenn du sagen würdest: "Ich mag Sonnenschein." dann wäre es nicht möglich zu erkennen, ob es stimmt oder nicht. Was du sagst muss mit der Wahrnehmung der Person deckungsgleich sein.

Mach das dreimal. Sorge dafür, dass es schnell geht. Wenn die Aufmerksamkeit des Mädchens (oder des Jungen, falls du darauf stehst) abgelenkt ist, fang von neuem an.

Der nächste Schritt ist, vorauszusagen, was als nächstes geschehen wird. Sag etwas wie: "Ich werde zum Himmel schauen." Nachdem du das gesagt hast, schaue zum Himmel und sage dabei: "Jetzt schaue ich zum Himmel." Mach das drei oder viermal

Natürlich sagst du nicht drei oder viermal: "Jetzt schaue ich zum Himmel." Warum nicht? Das würde seltsam wirken und den Kapitän alarmieren. Ich bin mir sicher, dass du es schaffst, die angemessenen Worte zu finden, wenn du gut vorbereitet bist!!! Du musst vorher wissen, was du nachher sagen wirst. Du musst es genau wissen!

Aus welchem Grund sagst du auch noch, was du gerade tust? Du veranlasst die Person zu lernen. Das Rationale ist ein außerordentlich guter Lerner. Das Rationale lernt schnell. Sage ein paarmal, was dein Gegenüber gerade wahrnimmt. Dann sage ein paarmal, was diese Person im kommenden Moment wahrnehmen wird. Erzeuge dann die angekündigte Wahrnehmung (indem du tust, was du vorhergesagt hast) und sage schließlich was die Person gerade wahrnimmt, während du tust, was du angekündigt hast.

Wenn du das erledigt hast, dann hat das Rationale gelernt, dass du die Verkörperung von Tatsachen und Wahrheit bist. Wenn es dir gelingt, das auf eine so normale Art und Weise zu tun, dass man dich nicht für blöd oder merkwürdig hält, dann kannst du weitermachen und es ausnutzen.

Deine Zielperson weiß nun, dass das, was du sagst, Tatsache ist. Du kannst dieser Person etwas sagen und sie wird wissen, dass es eine Tatsache ist. Das funktioniert, solange du nicht irgendetwas sagst, was offensichtlich falsch ist. Daher solltest du auch nicht versuchen, jemanden darzustellen, der du nicht bist. Sei echt, sei du selbst. Entkrampfe und beobachte, wie sie reagiert.

Bevor ich mit einem Beispiel weitermache, musst du wissen, was eine "pseudologische Erklärung" ist. Wenn du von jemandem verlangst, etwas zu tun, musst du ihm sagen, warum er das tun sollte. Das muss dem EMOTIONALEN logisch *erscheinen*. Das Emotionale kann nicht zwischen logisch und unlogisch unterscheiden. Das

Emotionale sieht lediglich die Struktur dessen, was gesagt wird. Der Inhalt ist unwichtig.

Du könntest sagen: "Setzt dich, denn dann kannst du viel besser von unten sehen." Das klingt für das Emotionale logisch. Das Rationale würde fragen: "Und warum ist es besser, Dinge von unten sehen zu können?"

Doch das Rationale ist nicht wachsam. Mittlerweile weiß das Rationale, dass mit dir alles in Ordnung ist. Alles, was du sagst, ist wahr. Selbst deine letzte Aussage stimmt.

Jetzt bist du bereits in der entscheidenden Phase der Manipulation. Wenn die Person gehorcht und sich tatsächlich hinsetzt, bist du ganz nah an deinem Ziel!

Sage: "Du siehst, es stimmt, was ich sage. Nun kannst du alles viel besser von unten sehen. Du weißt, dass alles, was ich sage stimmt." Dann gib deinen nächsten Befehl. Er könnte lauten: "Schau her und sieh, wie schön diese Blume ist."

Bitte achte auf die kleine, aber sehr wichtige Veränderung in der Struktur deiner Aufforderung. Die Person war bereit und willens, dir zu gehorchen, als du eine pseudologische Erklärung gegeben hast. Diesmal scheint die Struktur die gleiche zu sein. Aber tatsächlich gibst du zwei Anweisungen! 1. Schau her und 2. sieh, wie schön diese Blume ist.

Sage nicht: "Diese Blume ist schön." Vielleicht hasst sie Blumen, weil sie sie an Beerdigungen erinnert. Sage: "Sieh, wie schön sie sind." Die Person wird schauen und sehen.

Von nun an kannst du ein Kommando nach dem anderen geben. Nach jeder Aufforderung musst du erneut beweisen, dass alles, was du sagst, stimmt und dass alles, was du ankündigst, geschieht. Mach es einfach, indem du offensichtliche Tatsachen erzählst. Ich habe dir erläutert, auf welche Art du es richtig machst. Lies dieses Handbuch immer wieder, bis du wirklich verstehst, wie du eine perfekte Manipulation anstellst.

Wenn die Person drei oder vier deiner Anweisungen nachgekommen ist, musst du die Örtlichkeit wechseln. Geh nicht zu weit weg. Nimm sie mit in das Nebenzimmer. Geh mit ihr in dein Auto. Vergiss nicht, dass du nur wenig Zeit hast. Während du den Ort mit ihr wechselst, musst du weitermachen ihr Anweisungen zu geben und Tatsachen vorherzusagen. Es braucht schon ein wenig Übung, um in dieser Phase entspannt und natürlich zu bleiben. Also nochmal: Es geht nicht, wenn du nicht perfekt vorbereitet bist.

Nimm sie an einen Platz, wo ihr ungestört seid. Du musst sicher auf sie wirken. Wenn sie Angst oder Stress verspürt, wird der Kapitän wieder übernehmen, und du bist raus. Du musst mit ihrem Emotionalen umgehen. Und ihr Emotionales ist ein verspieltes aber schüchternes Kind, das nichts als Spaß haben will.

Wenn sie mit dir kommt, befindet sie sich in einem Zustand, den die Psychiater "Hypotaxie" nennen, was nur das griechische Wort für "Unterordnung" ist.

Wenn ihr angekommen seid, wo du Sex mit ihr haben willst, sage ihr, dass sie dich berühren soll. Aber sei nicht zu schnell. In dieser Phase darfst du niemals sagen: "Hey, du Schnalle, küss meinen Schwanz!" Warte damit noch ein paar Minuten. Du könntest sagen: "Gib mir deine Hand und lass mich deine Glücksline auf der Handfläche sehen." Dann nimm ihre Hand in deine. Mach weiter, indem du vorhersagst: "Ich werde dir sagen, was ich sehe." Mache nun deine Vorhersage wahr: "Ich sehe deine Handfläche. Ich sehe deine Handlinien."

Nun legst du den nächsten Schalter um. Sag ihr, was sie fühlen wird (schließlich ist sie bereits daran gewöhnt, zu wissen, dass es wahr wird) und sage ihr auch, wie sie dieses Gefühl bewerten soll. Sag ihr, dass sie es mögen wird! Für sie ist es völlig klar, dass alles, was du sagst und vorhersagst wahr wird und dass sie es wirklich mögen wird.

Sag irgendetwas wie: "Ich werde nun diese Linie entlangfahren." Zeige dabei auf ihre Handfläche. "Du wirst fühlen, wie ich deine Hand berühre, und es fühlt sich gut für dich an." Dann berühre ihre Handfläche und sage dabei: "Wie ich es gesagt habe, fühlst du jetzt, dass ich deine Hand berühre. Fühle, wie du es magst." Sage nicht: "Du magst es." Sage: "Fühl, wie du es magst." Es ist das gleiche wie mit der Schönheit der Blumen.

Übrigens ist es ganz egal, ob sie dir antwortet oder nicht. Hör ihr nicht zu. Mach einfach weiter mit deiner Manipulation. Sei dir sicher, sie wird es mögen, von dir berührt zu werden (sofern du alles genau so gemacht hast, wie ich es erklärt habe).

Wenn du so weit gekommen bist, ist es nur noch eine Frage von drei oder vier Minuten, bis du Liebe mit ihr machst. Sage nun: "Du fühlst nun, wie du es magst. Du kannst fühlen, dass du es noch mehr magst, wenn ich deinen Arm berühre. Ich werde nun deinen Arm berühren. Fühle, dass du es magst."

Hast du die etwas stärkere Aussage bemerkt? Anfangs hast du ihr gesagt, was sie tatsächlich gefühlt hat: Sie fühlte, WIE sie es mochte. Dann sagtest du, dass sie es fühlen KANN. Das heißt, dass sie in der Lage ist zu fühlen. Ohne Zweifel wahr. Gefolgt von einer Vorhersage in der Form und Struktur, an die sie bereits gewöhnt ist (werde deinen Arm berühren). Und nun der Befehl zu fühlen, DASS sie es mag. Natürlich wirst du ihren Arm berühren und ihr ein gutes Gefühl geben.

Das ist es, was du ihr im nächsten Satz sagst. "Du magst es, wenn ich dich berühre. Es fühlt sich gut an." Wenn du bis zu diesem Punkt ohne ernsthafte Unterbrechung gelangen kannst, bist du da. Sag ihr: "Genieße es, es fühlt sich gut an. Niemand wird jemals erfahren, was du fühlst. Niemand wird wissen, was geschieht. Fühle einfach, wie wunderbar dieses Gefühl ist. Lass los, lass es geschehen, genieße es. Fühle dieses wunderbare Gefühl. Du kannst es genießen. Mach einfach deine Augen zu und fühle es. Schließe deine Augen und genieße dieses wundervolle Gefühl."

Und dann mach weiter, bis du Glas zerbrechen hörst! In einigen Fällen ist es erforderlich, die letzten Sätze immer und immer wieder zu wiederholen. Vermeide aber alles, was irgendwie unnormal wirken könnte. Und werde nicht plötzlich grob. Sei anfangs zärtlich, und – wenn du es magst - werde immer wilder und intensiver.

Wenn du nun auf Widerstand stößt, dann hast du etwas falsch gemacht, als du die Manipulation aufgebaut hast. Finde heraus, in welcher Phase du nicht sorgfältig gewesen bist. Schreibe es auf und versuche, den selben Fehler bei deinen nächsten Annäherungen zu vermeiden (mit einem anderen Mädchen).

Wie du weitermachst,
wenn sie (er) bereit ist

Mach einfach, was du willst. Solange sie dich nicht ernsthaft zurückweist, ist alles in Ordnung. Wenn sie dich wegstößt, höre SOFORT !!! auf. Entschuldige dich und sage ihr nochmal, dass sie sich entspannen soll und dass sie es geniessen soll. Wenn sie in dieser Phase nein sagt, dann ist es dir nicht gelungen, sie zu manipulieren. An irgendeinem Punkt hast du dann diese Anleitung nicht exakt befolgt. Oder du hast sie in einer Situation erwischt, in der die weibliche Natur keinen Sex erlaubt.

Aber wenn du alles anleitungsgemäß gemacht hast, wird sie dich machen lassen, was du willst. Nutze die Situation aus. Bring deine Ernte ein und habe dein Vergnügen.

Wenn du ausgefallene und „unanständige" Dinge magst

Kein Problem. Solange du nicht Dinge tust, die den Kapitän veranlassen, dem Ersten Offizier zu Hilfe zu eilen, kannst du tun, was du magst. Wenn du sie verletzen willst, wird ihre Natur die Alarmglocke läuten. Vergiß es. Suche dir ein Mädchen, dass darauf steht, verletzt zu werden oder geh zu einer, die Geld dafür nimmt, sich verletzen zu lassen.

Wenn du ein Mann bist, der Männer liebt, kannst du die selbe Manipulation anwenden. Möglicherweise musst du jede Phase der Manipulation bis zu sieben Mal wiederholen, wenn du einem Mann begegnest, der hetero ist und noch nie zuvor Sex mit einem anderen Mann gehabt hat.

Wenn du ein Mädchen bist und einen Mann verführen willst, mach genau, was beschrieben ist.

Wenn du ein Mädchen bist und eine Frau haben willst, auch das geht. Sei so nett und sanft, wie du nur sein kannst und arbeite sehr genau, wenn du den Grundstein für die Manipulation legst. Das heißt, wiederhole die erste Phase so oft, wie du fühlst, dass es für dein Opfer notwendig ist, um bereit zu sein, zu wissen, dass alles, was du sagst wahr ist.

Nachdem du sie hattest

Küsse sie, sage etwas nettes und geh weg, bevor der Kapitän wieder zurück kommt. Die Reaktion ihres Kapitäns kann niederschmetternd sein. Stell dir mal vor, wie ein Kapitän auf einem echtem Schiff reagieren würde. Er würde den Ersten Offizier und die Mannschaft zur Sau machen. Sie wird sich also ziemlich schlecht fühlen (Erster Offizier) und möglicherweise Kopfschmerzen haben (Mannschaft). Ein paar Tage später ist dann alles wieder in Ordnung.

Der Kapitän wird allerdings nie wieder so wie vorher sein. Er hat einmal die Kontrolle über das Schiff verloren, und er wird von nun an immer wieder bereit sein, die Kontrolle zu verlieren (er hat GELERNT, wie er die Kontrolle verliert). Doch der nächste Typ muss härter arbeiten als du. Sogar ihr Ehemann oder Freund muss einige Hindernisse überwinden, die vorher nicht da waren. Das sollte jedoch nicht dein Problem sein. Du hattest deinen Spaß, und du bist schon wieder auf dem Weg deine nächste Zielperson anzusteuern.

Wie anfangen

Es hängt von der Sprache ab, die du sprichst und auch von den Umständen, in denen du deine Zielperson ansprechen willst. Überlege dir, was du sagen solltest und wie du es sagst. Verstehe einfach die Methode, die ich hier beschrieben habe und übe sie. Bereite gut vor, was du sagen wirst. Sei so sorgfältig, wie es nur geht, und du wirst Erfolg haben.

Viel Spaß!

Bitte beachten Sie auch die Buchtipps auf den folgenden Seiten

Buchtipp:

Egal, wie alt/jung, fit und gesund Sie sind – mit diesem
Buch bewahren und steigern Sie sogar noch Ihre
Gesundheit und sexuelle Leistungsfähigkeit.

Von der Jugend - bis ins hohe Alter!

7 Kapitel und 5 natürliche Übungen für einen
gesünderen, potenteren und größeren Penis.

Dieses Buch ist ein Muss für Männer jeden Alters.

POWER PENIS, von Waldemar Gangkover

80 Seiten, € 9.97

ISBN 3-8311-0041-1   Erhältlich in jeder Buchhandlung

50

„Dieses Buch ist geschrieben für die Eingeweihten. Sie werden wissen, was ich meine. Und es ist geschrieben für die Ahnungslosen. Es erzählt meine Geschichte. Diese Geschichte ist die Geschichte eines Menschen, der schreckliche Geheimnisse kennt. Lies und kümmere dich nicht darum, welche Teile erfunden sind und welche Abschnitte dieses Buches meine Schicksalsbeichte sind."

So beginnt der Bericht des H.M. v. Stuhl und damit eine unglaubliche, absurde und grausame Geschichte vom Weg des Erzählers durch die Welt der Geheimbünde. Der „Hohe Meister vom Stuhl" beschreibt, wie die Geheime Loge Mitglieder in ihre Fänge treibt. Dann der Schock: Er schildert in allen Einzelheiten, wie man Sektenmitglieder gefügig macht.

Der Höhepunkt dieses Offenbarungsbuches ist die genaue Erklärung der Geheimen Techniken. Nun kann jeder den Weg zu menschlicher Allmacht und Allwissenheit gehen. Jeder, der das liest, kann sich alles mühelos verschaffen:

SEX, GELD UND MACHT – aber Vorsicht...

334 ‰ Lüge
die Offenbarung des H.M. v. Stuhl

202 Seiten, € 14.98
ISBN 3-89811-811-8

Erhältlich in jeder Buchhandlung